27
Ln 15047.

DISCOURS

PRONONCÉS SUR LA TOMBE

DE

M. T. NASICA

CONSEILLER EN LA COUR D'APPEL DE BASTIA,
CHEVALIER DE LA LÉGION D'HONNEUR,

Décédé le 3 Décembre 1850.

BASTIA,
DE L'IMPRIMERIE DE C. FABIANI.
—
1850.
1851

Discours de M. le Président Casale.

Messieurs,

J'étais donc réservé à ce triste devoir! C'est une partie, une moitié de moi-même qui s'envole de ce monde, — et je dois surmonter ma douleur, pour venir me faire ici l'interprête de la douleur publique!

Cher ami! pourquoi m'as-tu précédé, et comment, au milieu de ce trouble, de cet égarement de mon esprit, trouverai-je des paroles pour louer dignement ta vie?.... mais non, ta vie n'a pas besoin d'être louée : il suffit de ton nom, pour rendre à jamais chère et sacrée ta mémoire.

Quelle partie de la Corse, Messieurs, n'a pas appris à prononcer et à vénérer le nom du conseiller Nasica! Comme si c'était dans les desseins de la Providence, et comme si, après avoir allumé en lui le flambeau de toutes les vertus, elle voulait en montrer la lumière, et les faire servir d'exemple à tous les regards, un destin bienfaisant le conduisit, de siège en siège, dans tous les chefs-lieux judiciaires de ce département; et partout les populations furent saisies de respect, partout elles l'accompagnèrent de leur amour et de leurs bénédictions. (1)

Ces hommages, Messieurs, c'est à nous ses collègues qu'il appartient de dire s'ils étaient mérités.

Tout le monde a pu admirer dans le conseiller Nasica la simplicité, la dignité, le calme et la gravité habituelles de son âme, empreintes sur son visage ; s'instruire, par la renommée, de sa haute et ferme vertu, de ses services, rendus à la justice, au pays ; mais c'est à nous seuls, Messieurs, à nous les compagnons journaliers de ses travaux, qui, pendant cinq ans, avons vécu de sa vie et nous sommes inspirés de ses exemples, c'est à nous seuls qu'il a pu ouvrir tous ses trésors ; et jamais, il faut le dire, plus de sagesse, plus de justice, plus d'humanité, plus d'abnégation et plus de dévouement ne se trouvèrent unis à plus de science, à plus de lumières et à plus de modestie.

Ce qui caractérisait le conseiller Nasica, Messieurs, c'était surtout l'amour du devoir.

Qui pourrait dire jusqu'à quel point, ce sentiment se transformait en lui en un sentiment religieux ; et comment résister à cette pensée, que c'est ce même sentiment qui l'a conduit au tombeau, et qui cause aujourd'hui nos larmes (2).

---

(1) Il avait été successivement : Substitut à Calvi, juge d'instruction à Ajaccio, président à Sartène, président à Corte et conseiller à Bastia.

(2) Le conseiller Nasica relevait à peine d'une indisposition qui l'avait forcé au lit pendant plusieurs jours, lorsque l'impossibilité de

C'est, Messieurs, ce même sentiment — l'amour du devoir, inséparable de l'amour de s'instruire, et d'instruire — qui, malgré les occupations de l'audience, malgré sa santé chancelante, malgré les soins incessants qu'exigeaient les fonctions laborieuses de président, dans lesquelles s'est écoulée la plus grande partie de sa vie judiciaire, c'est ce même sentiment qui lui avait fait entreprendre des travaux considérables sur presque toutes les parties de la jurisprudence. Ces travaux, qui sont restés pour la plupart inachevés, n'attestent pas moins la haute portée de son esprit, et peuvent servir à démontrer une fois de plus cette vérité de tous les temps, que la nature fait les hommes supérieurs, et que la fortune les abaisse, le plus souvent, en les reléguant dans les rangs secondaires ; si, plus injuste encore, elle ne les condamne pas totalement à l'obscurité.

Tel était, Messieurs, le conseiller Nasica dans sa vie, dans ses travaux, dans ses devoirs d'homme public. La vé-

---

compléter autrement la cour d'assises lui fit un devoir d'aller à l'audience. C'était le samedi. Le samedi donc et le dimanche il siégea à la cour d'assises. Le lendemain lundi et les deux jours suivants, mardi et mercredi, c'était chambre civile, à laquelle il appartenait. Il siégea encore ces trois jours : — le jeudi commençait la maladie qui, en moins de cinq jours, l'a enlevé à sa famille, à deux neveux inconsolables, qui étaient ses enfants, à ses amis, à la cour, à la Corse et à la magistrature tout entière qui, d'un bout de la France à l'autre, ne pouvait que s'honorer de le compter dans ses rangs.

rité, qui se fait entendre sur la tombe des morts, est quelquefois un hommage à la vertu de ceux qui l'écoutent ; et je ne crains d'être démenti par aucun de mes collègues en affirmant, que nul d'entre nous ne s'est cru meilleur que celui qui reçoit en ce moment nos adieux, — heureux, pour ma part, si je pouvais mériter que l'on dît un jour de moi : il s'est efforcé de marcher sur ses traces et de l'imiter.

Que dire maintenant, Messieurs, de la vie privée du conseiller Nasica : de sa fidélité, de son dévouement, de sa tendresse dans l'amitié, de sa générosité sans limites, de sa douceur, de sa bonté, de sa bienfaisance, de son humanité, de son attendrissement pour tous les maux, pour toutes les afflictions, pour toutes les infortunes ; de sa foi, de sa discrétion, de sa prudence, de sa modération, de son respect de lui-même, qui commandait le respect des autres, de ceux-là même qui vivaient le plus dans son intimité ; du charme et de la lumière de ses entretiens, de sa délicatesse exquise, fruit de son âme et de son intelligence ; de ses mœurs douces et austères à la fois ; de toute cette nature, enfin, si vraie, si honnête, si aimante, si éloignée de toute espèce de recherche, d'affectation, d'ostentation, de toute fausse grandeur, de toute fausse humilité ; de ces mérites, de ces vertus, en un mot, qui fesaient qu'on le cherchait toujours, et qu'on le trouvait toujours meilleur, la dernière fois qu'on le quittait?.... Toutes les paroles seraient insuffisantes pour atteindre à la perfection, à la réalité d'un pareil tableau ; et à ce tableau il faut ajouter une qualité, plus rare encore peut-être que celles que j'ai mentionnées : il ne connut point l'envie, l'envie, Messieurs, cette plaie honteuse de l'humanité..... non, cette faiblesse de notre nature humaine, dont les plus infimes ne voudraient pas s'entendre accuser, et dont les meilleurs ne savent pas toujours se défendre.

Mais le sentiment qui dominait tous ses sentiments, qui l'exaltait, qui l'enlevait au dessus de lui-même, c'était l'amour de son pays.

Comme, dans son impatience de le servir, de le voir heureux, de l'arracher à une partie du moins de ses maux, de ses calamités, son âme, pleine de feu et d'espérance, s'élançait sans cesse vers des occasions qu'il cherchait et qu'il ne pouvait saisir !

Comme aussi, Messieurs, dans cette sublime et sainte passion qui l'embrasait, il était jaloux de l'honneur national ! comme il s'indignait qu'on voulût l'abaisser, l'humilier ; et comme son amour, sa vénération et son enthousiasme se concentraient dans ces deux grands noms, qui feront éternellement l'incomparable honneur de la Corse, PAOLI et NAPOLÉON !

Paoli ! C'est à ses soins, sourtout, à sa piété, à son initiative féconde et inépuisable que sera dû le monument qui déjà s'élève à la mémoire de ce père de la patrie ; et c'est encore un sujet de deuil que sa présence manque à la solemnité où les traits du héros seront enfin découverts à la vénération impatiente du pays, car c'est dans ce jour qu'après s'être longuement, studieusement, religieusement abreuvé à toutes les sources de lumière et de vérité, il serait venu raconter, à son tour, comme aux jours de la Grèce assemblée, cette vie antique à laquelle rien ne peut être comparé, pour la vertu, si ce n'est la vie d'Epaminondas, et qu'il l'aurait vengée des reproches que, même dans ces derniers temps, quelques voix, sincères mais prévenues, n'ont pas craint de lui adresser. (3)

Tu meurs, cher ami, et tu nous abandonnes dans un moment où de grandes, de redoutables destinées se préparent et où ta prudence, ton courage et ton patriotisme pouvaient nous montrer le chemin à travers les orages et l'obscurité qui sont à l'horison et qui même sur ce rocher, — si heureusement isolé si on savait en profiter — nous menacent.

Qui sait si dans ce travail, dans cette agitation universelle

---

(3) Ce travail sur Paoli est presque entièrement achevé. Le conseiller Nasica laisse aussi, comme gages de sa fidélité et de son dévoûment à la mémoire de l'Empereur : 1º des *Mémoires* sur l'enfance et la jeunesse de Napoléon, jusqu'à l'âge de 23 ans, précédés d'une notice sur son père; ouvrage rempli de détails curieux et intéressants, avec cette épigraphe si bien choisie : *Non sine Diis animosus infans;* 2º Un discours funèbre qui devait être prononcé à l'occasion des funérailles du Roi de Rome, qu'on avait projetées à Sartène, mais qui cependant n'eurent pas lieu.

des esprits, où les intentions, quelques bonnes qu'elles soient, sont un faible frein contre les passions une fois déchaînées, qui sait si, dans cette nuit, dans ce cahos, partout imminents, au milieu de ces égarements, de ces crimes, de ces guerres impies et fratricides, de ce sang, qui monte, qui monte, et nous étouffe, la Corse n'aura pas besoin de tout le courage, de tout le dévouement, de la vie même de ses meilleurs enfants, pour se sauver de la barbarie et pour reparaître à la lumière de la civilisation !... Et tu meurs ! et le sort inexorable t'envie jusqu'à la possibilité de ce bonheur que tu rêvais quelquefois, et qui eût été le plus grand pour toi, celui de donner tes jours pour le bien de ton pays.

Cher Nasica ! ah ! si, du sein des régions immortelles, ton regard se porte encore vers cette terre de Corse, que tu as tant aimée, souviens-toi aussi de tes amis; envoie leur les mâles pensées, les inspirations, les résolutions, qui font les hommes forts, les hommes généreux; et veille surtout sur celui que tu as laissé dans les pleurs, qui ne peut se consoler, et qui ne cessera de t'invoquer, tant qu'il ne t'ait rejoint dans cette seconde patrie, où Dieu efface les chagrins, et qui est l'éternité.

Discours de M. le conseiller Viale.

Santo Nasica nacque nel Prato di Giovellina nel 1789.

I primi studi, fatti in patria, svolsero e maturarono la sua forte intelligenza. Da quegli esercizi ei trasse per tempo quell'acume dialettico, quella lucidezza e alacrità di mente che sì lo distinsero: e qui voglio parlare in ispecie di quel pronto e fino giudizio che noi ammiravamo, sino a pocanzi, nei suoi privati colloqui, e nelle conferenze giudiziarie.

Studiò seriamente la giurisprudenza per sei anni in Pisa, ed in Roma: ivi ai gravi studi, seppe felicemente congiungere quelli dell'amena letteratura; e del suo valore nelle buone lettere, meglio che le mie parole, ora ne faranno fede i suoi scritti; giacchè spettava solo alla morte lo svelare, sopra questo proposito, i segreti della sua modestia. Questi occulti pregi del suo ingegno trasparirono al pubblico durante i pochi anni ch'egli s'esercitò nell'eloquenza forense.

Una proposizione spontanea, e per lui inaspettata, del procurator generale Gilberto Boucher, lo fece ascrivere, nel 1819 alla magistratura; ed egli ne percorse successivamente tutti i gradi, in tutti i circondarj dell'isola. Di sostituto a Calvi, passò consecutivamente giudice civile e giudice d'istruzione in Ajaccio, quindi presidente prima in Sartene, poscia in Corte. Fu chiamato a quelle difficili presidenze in difficili tempi, in tempi nei quali il maggior bene che possa farsi, consiste nell'ovviare al male; e questa utilità, dirò così, negativa, è un beneficio che passa le più volte inavvertito o inonorato nell'opinione del popolo : eppure ancor dura, e s'accresce in quei popolani la riconoscenza e la stima per il presidente Nasica.

Tenne così per ben 24 anni la giudicatura di prima istanza; e nelle graduate traslazioni da un tribunale all'altro, diffuse in quelle quattro giurisdizioni l'amore e il timore della giustizia, e n'accrebbe la fede e il rispetto.

Non occorre di rammentare ai miei colleghi, e a tutti coloro che qui mi ascoltano in qual modo e' venne scelto consigliere a questa Corte d'appello. E quanto splendore aggiunse la nuova magistratura agli ultimi cinque anni della sua vita, non è qui d'uopo descrivere. Non dirò come la croce di onore fu da tutti salutata con gioja sul petto di questo magistrato dotto, integro, intelligente. Dirò solo che resero questo nostro collega egualmente raccomandabile le cariche ch'egli ha ottenute, e quelle che nei popolari comizj, per amor della pubblica quiete, ha ricusate.

Un prode combattente dei tempi di Paoli aveva sopravissuto all'eccidio del Pontenovo, per dar la vita a Santo Nasica; e quasi una sola cosa colla vita aveva trasfuso nel figlio due nobili sentimenti, quello dell'indipendenza e dell'onore, e un profondo, ardente, e quasi esclusivo amore del suo paese: Nasica teneva inoltre dalla natura e dall'educazione patria un cuore che fino agli ultimi suoi palpiti sentì l'amicizia; e qui per amicizia intendo in sommo grado, quella reciproca affezione, forte, modesta, direi quasi nostrale, che s'esprime coll'opera, che la sventura accresce, e che la morte sola può sciogliere. Ed egli anche pochi giorni fa dava a me una nuova, un'ultima prova d'amichevole affetto; nè certo avrei pensato allora che io dovessi oggi ricambiargliela con quest'ufficio così doloroso.

Ma no: le parole de' suoi amici non siano qui un vano sfogo di dolore. Noi che più d'appresso lo abbiam conosciuto onoriamo con una lode pratica la memoria di questo benemerito. Lodiamolo promettendo d'imitare, e d'inculcare in altri le sue civili virtù: così Nasica, benchè estinto, non avrà cessato di giovare ai suoi amici; non avrà cessato di giovare alla sua patria.

Discours de M. le conseiller Gavini.

Et moi aussi je dois jeter quelques fleurs sur ton cercueil, oh le plus ancien et le plus fidèle de mes amis !

Plus de 40 ans se sont écoulés depuis que nos cœurs s'étaient unis dans les liens de la plus étroite amitié, et ni les vicissitudes de la vie, ni les luttes politiques n'ont jamais pu troubler la sérénité de cette amitié fraternelle. Dans les orages de notre première jeunesse tu étais mon protecteur, mon Pylade; ta voix avait sur moi la puissance de l'autorité paternelle; et, dans un âge plus avancé, elle m'a toujours inspiré le respect que commande la vertu !

Qui mieux donc que ton ancien ami a pu apprécier la bonté de ton cœur, la générosité de ton âme, la force de ton caractère et la haute portée de ton esprit et de ton intelligence !

Oh ! certes, tu laisses un grand vide parmi nous ! non seulement au fond de mon cœur ; car ce vide ne sera, sans doute, comblé que par cette terre qui va bientôt couvrir les restes mortels de ton existence ; mais dans la magistrature, mais dans le pays tout entier !

Où trouverait-on les connaissances profondes dans la

science du droit que tu avais acquises au détriment de ta santé ? où ce zèle infatigable dans l'accomplissement des devoirs du magistrat qui a accéléré la fin de tes jours ? Cette indignation grave, mais concentrée pour tout ce que tu croyais contraire aux prescriptions de la justice? Cette indulgence compatissante pour les faiblesses humaines et ce profond mépris pour le crime ?

Je ne veux pas dire que cela soit impossible ; je blesserais ta modestie, compagne inséparable du mérite. — Loin de moi donc cette pensée ! Tu le sais bien : dans les épanchements de notre amitié, nous étions heureux de voir combien la magistrature corse et le barreau de cette ville brille de talents remarquables, de jurisconsultes éclairés, dignes en tout point d'occuper les siéges sur lesquels l'âge ou la Providence ont voulu que nous les ayons devancés ; mais ce que je désire hautement, c'est que les personnes qui me sont les plus chères au monde puissent te ressembler !

Adieu donc, homme à vertus antiques, magistrat sans tache et sans reproches, excellent citoyen, ami sincère ! Dieu avait réuni dans ta personne ce qu'il y a de plus grand et de plus généreux dans la nature humaine ! Pourquoi n'a-t-il pas voulu te douer, en même temps, d'une constitution plus robuste, capable de contenir les puissants efforts de ton âme?.... Mais ici je m'égare..... Qui peut lire dans les imperscrutables decrets de la volonté divine ! Après avoir fixé la limite de tes sacrifices et de tes souffrances dans la longue carrière de la magistrature que tu as parcourue avec tant d'éclat, n'aurait-il pas voulu t'appeler dans son sein, au royaume des élus, dans le séjour des jouissances éternelles !

Aussi ta mort a été, comme ta vie, celle du juste. Après les premières luttes de la nature qui s'oppose à la désorganisation de tout être vivant, tu t'es éteint tranquillement comme la chandelle qui s'épuise pour éclairer les personnes qui l'entourent.

Oui, tu n'es plus ! Mais ton nom restera. Il sera pendant longtemps cité comme modèle de toutes les vertus civiques et judiciaires !

Discours de M. Casabianca, substitut à la cour d'appel.

Messieurs,

Il y a à peine huit jours que l'honorable magistrat dont nous déplorons la fin prématurée s'asseyait encore sur son siége à côté de ses collègues. Si son visage portait l'empreinte de cette pâleur déjà ancienne et qui trahissait des souffrances intérieures, rien ne témoignait d'une catastrophe imminente. M. le conseiller Nasica paraissait plein de vie et comme toujours il se dévouait avec le plus grand zèle à l'accomplissement de ses devoirs. Qui nous aurait dit alors, Messieurs, que la mort planait sur cette forte intelligence, et qu'une semaine après, jour par jour, heure par heure, elle nous convierait autour de ce cercueil! Comme s'il ne suffisait pas du deuil qu'une telle perte devait répandre parmi nous, ses collègues, et au milieu de toute cette population qui se presse dans cette enceinte, il a fallu encore, pour ajouter à notre douleur, que le coup ait été terrible, imprévu, et qu'au magistrat qui allait se séparer de nous nous n'ayons pas même eu le temps de serrer la main en signe d'adieu sur cette terre.

M. Nasica n'a pu arriver jusqu'à la limite de la vieillesse;

cependant à l'âge de 61 ans il lui a été donné, Messieurs, de parcourir une noble et belle carrière, de rendre des services signalés à son pays, et de laisser parmi ses concitoyens et ses justiciables un nom dont le souvenir sera fidèlement gardé par la reconnaissance publique.

M. Nasica était avocat à la cour royale de Bastia où il se fesait remarquer, entre tous ses confrères du barreau, par une élocution simple et facile, par une connaissance approfondie du droit et par cet amour du travail qui est la première condition du succès dans toutes les carrières, lorsqu'une ordonnance royale datée du 6 octobre 1819 le nomma substitut près le siége de Calvi. Dans l'exercice de ces fonctions il réalisa toutes les espérances qu'un tel choix avait fait concevoir. Le premier avancement ne se fit pas attendre. Deux ans après il fut appelé à la place de juge près le tribunal d'Ajaccio. Il fut en même temps chargé de l'instruction des affaires criminelles.

Ceux qui se souviennent, Messieurs, combien l'arrondissement d'Ajaccio était à cette époque tourmenté par la présence des contumax et effrayé par la soudaine explosion des plus grands crimes, savent aussi combien cette mission était laborieuse et difficile. M. Nasica sut la remplir avec une haute distinction. Plus de 300 affaires très-compliquées, instruites en fort peu de temps, attestèrent l'ardent amour du bien et l'infatigable travail du nouveau magistrat instructeur. Rien n'égalait le bon vouloir de M.

Nasica; mais dans ce pénible labeur ses forces s'épuisèrent, et après trois années d'une lutte courageuse et persévérante engagée contre le crime, il fut obligé de renoncer à l'instruction. Toutefois son aptitude était si manifeste, l'appui de son zèle et de sa capacité éprouvée si nécessaire que, quatre années après, ces fonctions lui furent encore je ne dirai pas rendues, mais comme imposées par la force des choses.

Il était, Messieurs, dans la destinée de M. Nasica que sa carrière dût être militante pendant long-temps, et qu'il ne parvînt à établir son incontestable mérite qu'au prix de sa santé et presque de sa vie.

Au mois de juin 1829 il fut nommé président du tribunal civil de Sartene. On était alors à la veille de la révolution de juillet. Une année après M. Nasica fut condamné à avoir sous les yeux l'horrible spectacle d'une ville ensanglantée par les discordes intestines. Ce que dans cette situation il souffrit et comme magistrat et comme citoyen ses parents et ses amis peuvent le dire. Mais cette fois encore éclatèrent plus que jamais toutes ces vertus qui font l'excellent citoyen, qui font l'intègre et courageux magistrat. M. Nasica demeura pendant sept ans à la tête du tribunal de Sartene. — En 1836 il obtint non point l'avancement auquel il avait des droits incontestables, mais un simple changement de résidence; il fut nommé président du tribunal civil de Corte. Là, du moins, il n'était plus éloigné de sa famille ; c'était dans l'arrondissement où il était né, au milieu de visages connus et au centre de toutes ses affections, qu'il allait rendre la justice ; elle n'en fut ni moins pure, ni moins dégagée de toute préoccupation étrangère aux devoirs du magistrat. L'homme honnête et consciencieux est honnête et consciencieux partout : je ne saurais, Messieurs, citer un plus noble exemple de cette vérité que celui du magistrat qui nous réunit, dans un même sentiment de deuil, autour de sa tombe.

A Corte comme à Sartene M. Nasica donna des preuves réitérées d'impartialité, d'indépendance et d'abnégation.

Tant de services devaient enfin recevoir une récompense ; la justice vint tard, mais elle vint ; une sorte d'acclamation universelle porta M. Nasica à la place de conseiller près cette cour. Sa nomination est à la date du 10 avril 1845.

Quelques-uns d'entre vous, Messieurs, avaient été les collègues de M. Nasica dans les premiers postes qu'il a occupés ; il vous avait été possible de le juger, et vous ne vous étiez point trompés dans l'appréciation de son talent et de son caractère. Dès le premier jour on put s'apercevoir que dans la personne de ce magistrat la cour avait fait une précieuse acquisition. Depuis lors, et pendant un intervalle de temps qui, hélas! n'a été que trop court, vous avez pu, Messieurs, admirer tout ce qu'il y avait de bienveillance dans les relations de l'homme, d'amour du vrai dans le cœur du magistrat, tout ce qu'il possédait d'expérience consommée et de savoir. Ceux de ses collègues qui ont assisté à ces graves discussions qu'il éclairait des lumières de sa science pourront dire quel puissant concours il apportait à sa compagnie dans l'œuvre si difficile et si importante de la distribution de la justice civile.

Quant à moi, Messieurs, j'ai surtout connu M. Nasica comme président des assises et comme conseiller rapporteur dans les affaires correctionnelles. Chez aucun magistrat je n'ai vu un jugement plus prompt et plus sain, un exposé plus lucide, un zèle plus soutenu et plus scrupuleux. Lorsqu'il s'occupait d'une procédure il la retenait tout entière dans sa mémoire et il n'en laissait rien ignorer à ses collègues; il pensait avec raison qu'on ne peut juger convenablement une affaire qu'après l'avoir examinée dans ses moindres détails.

Je m'arrête, Messieurs : que puis-je, en effet, ajouter que vous ne sachiez aussi bien et mieux que moi? Oui, sans doute, la cour vient de perdre l'un de ses membres les plus éminents, la Corse pleure l'un de ses meilleurs citoyens ; une famille honorable a été privée comme par un coup de foudre de celui qui était son chef et dont elle pouvait être fière à bon droit. Puisse du moins cette famille, où le talent et la vertu trouvent encore un digne représentant (1),

---

(1) M. l'abbé Nasica, aumônier du Lycée de Bastia.

se consoler en partie du malheur qui l'a frappée à la vue du deuil qui entoure cette tombe, et des regrets universels que cette mort a excités!

Quant à nous, Messieurs, soyons affligés pour nous-mêmes de la perte que nous avons faite, mais ne plaignons pas le collègue qui vient de nous quitter. On a toujours assez vécu, quel que soit l'âge où l'on soit arrivé, lorsque dans le cours de sa carrière on a pu bien mériter de son pays, qu'en mourant on laisse un nom vénéré dans la mémoire des hommes et qu'on dépose au sein de Dieu une conscience immaculée!

Discours de M. Arrighi, bâtonnier de l'ordre des avocats, près la Cour d'Appel.

Messieurs,

Les douleurs de la magistrature sont aussi les douleurs du barreau. Rapprochés par la communauté des travaux, unis par des liens que resserrent la sûreté et le charme de nos rapports journaliers, comment ne nous rencontrerions-nous pas également dans l'expression des mêmes regrets ? Aussi bien, la cour n'a-t-elle pas fait une perte, que le barreau n'en ait porté immédiatement le deuil, et jamais la tombe ne se fermera sur la dépouille mortelle de l'un de ses membres, qu'il ne vienne pleurer avec elle, et avec elle saluer son cercueil d'un triste et dernier adieu.

Ce pénible devoir nous venons le remplir aujourd'hui au nom du barreau tout entier. Avec quel pieux empressement n'a-t-il pas répondu à l'appel de la douleur ! C'est que M. Nasica y comptait autant d'amis que nous y comptons de confrères.

Ce touchant accord de louanges méritées et de regrets sincères, en est le témoignage éclatant. N'est-ce pas dans ces lugubres cérémonies que l'homme, frappé de son néant et de la fragilité de sa vie, mesure avec un secret effroi le peu d'espace qui le sépare de l'abîme de l'éternité?

Cette perte inattendue est un exemple de plus de la rapidité avec laquelle la mort frappe ses coups. Pareille à la foudre qui éclate sur le sommet des montagnes, la mort atteint ce que la société a de plus éminent par le caractère et par l'intelligence.

Il y a à peine cinq jours je plaidais devant le regrettable magistrat que nous accompagnons en ce moment au champ de l'éternel repos. Ne devait-il donc plus entendre notre voix que mêlée aux chants funèbres de l'Eglise, aux sanglots de ses neveux et de ses nombreux amis?

Une pensée honorable pour lui, mais désolante pour nous tous vient ajouter à l'amertume de nos regrets. Chacun de nous se dit en ce moment : « Si M. le conseiller Nasica eût été moins préoccupé de l'accomplissement de ses devoirs que du soin de sa santé, peut-être serait-il encore tout plein de vie et d'intelligence. »

Poussant le sentiment de ses devoirs jusqu'à la plus complète abnégation de ses intérêts les plus chers, n'appréciant sa vie qu'autant qu'elle pouvait être utile à ses concitoyens, savez-vous comment il répondit au neveu dont son amour avait fait un enfant adoptif? Inquiet sur l'état de sa santé, l'abbé Nasica le pressait vivement de ne pas s'exposer aux rigueurs de la saison et aux travaux de l'audience. « Le magistrat qui, pour se dispenser de se rendre à son poste, aggrave ou dissimule des maladies, serait, répondit-il d'un ton sévère, tout aussi méprisable que le soldat qui, par crainte de la mort, se ferait conduire ou resterait à l'ambulance du camp, lorsque l'heure suprême du combat serait venue. »

L'austérité de ses principes on la retrouve aussi, avec une simplicité antique, dans tous les actes de sa carrière. Nous n'avons pas encore connu un magistrat qui fût plus jaloux de la dignité de ses fonctions.

La religion du droit, cette règle invariable de la conduite du juge, a toujours dirigé la sienne. Président des tribunaux de Sartene et de Corte, il refusa constamment l'appui de ses jugements aux mesures illégales. Il fit plus, il publia une brochure pour en démontrer l'illégalité et le danger. Une autre religion dominait aussi toutes ses idées, tous ses sentiments de magistrat, c'était le respect pour la liberté inviolable de la défense.

Nous en appelons à ceux qui se plaignent de la voir si souvent entravée. Lui arriva-t-il jamais de la gêner dans ses développements nécessaires, ou de s'alarmer de la hardiesse de ses allures? Jamais.

Ce qui ne le rendait pas moins cher au barreau, c'était ce mélange de fermeté et de douceur, de politesse et de dignité par lequel il savait contenir le défenseur dans les limites du vrai et de la modération, sans blesser la juste fierté et concilier les droits de la justice avec les tempéraments de l'humanité.

Pourquoi s'en étonner?

Ancien avocat, il sentait parfaitement que l'indépendance du défenseur est la garantie la plus sûre de la liberté des citoyens. Combien de fois n'avons-nous pas regretté que la force physique ne se trouvât pas dans cette organisation, à la fois frêle et puissante, au même niveau que la force de l'âme?

Sous sa présidence, les débats si animés, les luttes si vives de la cour d'assises s'accomplissaient dans le calme et le recueillement si nécessaire tout ensemble à la dignité de la justice et à la conscience des jurés !

Tels ne sont pourtant pas les seuls titres qu'il avait acquis à l'estime et à l'amour des avocats !

Nous ne les rappellerons pas tous. Mais qu'il nous soit permis de signaler en passant l'un des traits les plus marqués et les plus saillants de son caractère ; ceux qui l'ont connu dans la franchise et l'intimité d'une étroite liaison, devinent déjà que nous entendons parler de son dévouement au pays. Jaloux de conserver dans toute leur pureté le dépôt des traditions nationales, il ne permettait à personne de flétrir en sa présence la gloire du passé.

Respect à ces nobles susceptibilités du patriotisme !

« Rien ne dégrade davantage une nation, nous disait-il un jour, en rejetant loin de lui dans un vif mouvement de dégoût, une de ces brochures mensongères où nos mœurs sont étrangement défigurées, rien ne l'avilit autant que la sacrilège indifférence pour les monuments de l'histoire nationale ! »

C'est sous l'inspiration de ces nobles idées qu'il conçut, l'un des premiers, le projet d'élever une statue au général Paoli. Ce jour eût été l'un des plus beaux de sa vie ; mais il était décidé que cette grande joie manquerait à son cœur de Corse.

Voilà quels étaient les sentiments du compatriote éminent que nous venons de perdre. Notre affection est d'autant plus vive, que le type de ces vieux Corses devient de jour en jour plus rare.

Nous n'avons pas rappelé les vertus du magistrat. Cet éloge appartenait à ses collègues. C'est à eux à nous dire quel cœur élevé battait sous la toge du juge, quelles lumières son esprit lucide jetait sur les délibérations de la chambre du conseil, et jusqu'à quel point il poussait les scrupules de la délicatesse et de l'honneur.

Cet éloge la conscience publique le ratifie sans réserve. Nous n'en voulons d'autre preuve que le maintien silencieux et recueilli de cette assistance nombreuse.

Interrogez sa douleur, elle vous dira que les bons magistrats sont tellement précieux et tellement rares, que leur mort est une sorte de calamité publique. C'est cette opinion populaire qui fait aussi la tristesse du barreau.

En déposant cet hommage unanime au pied de ce cercueil entre les larmes de sa compagnie et les prières du clergé, nous voulons apprendre, une fois de plus, à nos concitoyens, que si nous savons apprécier dans le magistrat sur son siège l'alliance de l'intégrité et du talent, nous savons bien plus encore honorer sa mémoire.

Plusieurs autres discours ont été également prononcés, au milieu d'une assistance nombreuse, dans la commune de Prato, pays natal du défunt, où sa dépouille mortelle avait été transportée par les soins de ses neveux.

(*L'éditeur.*)

82

www.ingramcontent.com/pod-product-compliance
Lightning Source LLC
Chambersburg PA
CBHW060729050426
42451CB00010B/1695